DE ULTIMATIVE ILDVARMERE 2024

Drikkevarer, slik og Delbare at nyde omkring lejrbålet

PAISLEY DOYLE

Copyright materiale ©2024

Alle rettigheder forbeholdes

Ingen del af denne bog må bruges eller transmitteres i nogen form eller på nogen måde uden korrekt skriftligt samtykke fra udgiveren og copyright-indehaveren, undtagen korte citater brugt i en anmeldelse . Denne bog bør ikke betragtes som en erstatning for medicinsk, juridisk eller anden professionel rådgivning.

INDHOLDSFORTEGNELSE

INDHOLDSFORTEGNELSE 3
INTRODUKTION 6
DELABLE 7
    1. Camping Donut Holes 8
    2. Backpacker barer 10
    3. Orange kop honningkager 12
    4. Camping Brød Pizza Sandwicher 14
    5. Lejrspyd cantaloupe 16
    6. Chuckwagon Kabobs 18
    7. Camping Orange Muffins 20
    8. Camping French Toast 22
    9. Ingefærbrød og æblemos 24
    10. Camping Blue Corn Tortillas 26
    11. Grundlæggende Bannock-brød 28
    12. Lejrbrød 31
    13. Camp Cornbread 33
    14. Baconbagte kartofler 35
    15. Camp Donuts 37
    16. Lejrbål Abebrød 39
    17. Hollandsk ovnølbrød 41
    18. Bål varme sandwich 43
    19. Campinggærpandekager _ 45
SØDE SAGER 47
    20. Bananbåd 48
    21. Backcountry kage 50
    22. Camping Orange Surprise 52
    23. Bålskomager 54
    24. Søde godbidder 56
    25. Peanut Butter Cookies 58
    26. Smore-takulære æbler 60
    27. Camping Dump kage 62
    28. Cherry Fudge lækkerier 64
    29. Kaffe dåse is 66
    30. Trail Brownies 68
    31. Bål kanel æbler 70
    32. Bål kanel kaffekage 72
    33. Bålfondue 74
DRIKKE 76
    34. Bål varm kakao 77
    35. Camping Cowboy kaffe 79
    36. Belgisk Hot Toddy 81

37. Chai Hot Toddy 83
38. Peach Hot Toddy 85
39. Hyldebær Hot Toddy Elixir 87
40. Heather Honey Hot Toddy 89
41. Gløgg rosmarinvin & sort te 91
42. Mulled Ale med krydderier og brandy 93
43. Kardemomme og rosekrydret varm chokolade 95
44. Mexicansk-inspireret krydret varm chokolade 97
45. Honningkager krydret varm chokolade 99
46. Chai krydret varm chokolade 101
47. Peta varm chokolade 103
48. Red Velvet varm chokolade 105
49. Osteagtig varm chokolade 107
50. Gedeost og honning varm chokolade 109
51. Blå ost Varm chokolade 111
52. Parmesan og havsalt varm chokolade 113
53. Pepper Jack og Cayenne varm chokolade 115
54. Toblerone varm chokolade 117
55. Cheesy Hot Toddy 119
56. Kokos varm chokolade 121
57. Ferrero Rocher varm chokolade 123
58. Honeycomb Candy Hot Chokolade 125
59. Ahorn varm chokolade 127
60. Rose varm chokolade 129
61. Orange Blossom varm chokolade 131
62. Hyldeblomst varm chokolade 133
63. Hibiscus varm chokolade 135
64. Lavendel varm chokolade 137
65. Mørk Matcha varm chokolade 139
66. Mint varm chokolade 141
67. Rosmarin varm chokolade 143
68. Basilikum varm chokolade 145
69. Salvie varm chokolade 147
70. Oreo hvid varm chokolade 149
71. Biscoff varm chokolade 151
72. Snickerdoodle varm chokolade 153
73. Mint Chokolade Chip Varm Chokolade 155
74. Honningkager varm chokolade e 157
75. Gløgg 159
76. Pudsey bjørnekiks Varm chokolade 161
77. Brownie varm chokolade 163
78. Açaí varm chokolade 165
79. Schwarzwald varm chokolade 167
80. Krydret aztekisk varm chokolade med tequila 169

81. Jordbær varm chokolade 171
82. Orange varm chokolade 173
83. Hindbær varm chokolade 175
84. Banan varm chokolade 177
85. Nutella varm chokolade 179
86. PB&J-inspireret varm chokolade 181
87. Jordnøddesmør Banan varm chokolade 183
88. Serendipitys frosne varm chokolade 185
89. Amaretto varm chokolade 187
90. Vin-infunderet varm chokolade 189
91. Pigget pebermynte varm chokolade 191
92. RumChata krydret varm chokolade 193
93. Krydret appelsin varm chokolade 195
94. Cafe Au Lait 197
95. Klassisk amerikansk 199
96. Macchiato 201
97. Mokka 203
98. Latte 205
99. Baileys Irish Cream varm chokolade 207
100. Mexicansk krydret kaffe 209

KONKLUSION 211

INTRODUKTION

Velkommen til "DE ULTIMATIVE ILDVARMERE 2024", din go-to guide til at skabe en hyggelig og dejlig oplevelse omkring lejrbålet. Denne kollektion er en fejring af den varme og kammeratskab, der kommer med deling af drinks, slik og deles i flammernes flimrende skær. Tag med os på en rejse, der forvandler dine udendørs sammenkomster til mindeværdige øjeblikke fyldt med trøstende lækkerier og glæden ved samvær.

Forestil dig en scene, hvor den knitrende ild danner baggrund for latter, historier og duften af lækre godbidder ved bålet. "DE ULTIMATIVE ILDVARMERE 2024" er ikke kun en samling af opskrifter; det er en udforskning af kunsten at skabe mindeværdige øjeblikke omkring lejrbålet. Uanset om du camperer med venner, er vært for et baggårdsbål eller bare har lyst til hyggen ved en aften ved bålet, er disse opskrifter lavet til at forbedre din udendørsoplevelse med dejlige drinks, slik og deles .

Fra varmende drikke som krydret cider og varm chokolade til klistrede s'mores og velsmagende lejrbålssnacks, hver opskrift er en fejring af de smage og traditioner, der gør sammenkomster ved bålet specielle. Uanset om du nipper til en trøstende drink, forkæler dig med en sød godbid eller deler smagfulde bider med venner, er denne kollektion din guide til at hæve dine pejsevarmere.

Slut dig til os, når vi begiver os ud på en rejse gennem en verden af lækkerier ved pejsen, hvor hver kreation er et vidnesbyrd om glæden ved at samles om bålet, forbinde os med vores kære og nyde de simple fornøjelser ved udendørs øjeblikke. Så saml dine tæpper, tænd flammerne, og lad os skabe varige minder med "DE ULTIMATIVE ILDVARMERE 2024".

DELABLE

1.Camping Donut Holes

INGREDIENSER:
- 2 kærnemælkskiks i en dåse (den pop open-type)
- 1 kop afkortning
- 1 kop pulveriseret sukker eller sukker/kanel blanding

SÆRLIGE UDSTYR:
- papirpose

INSTRUKTIONER:
a) På et rent arbejdsområde skiller du kiksdåser fra hinanden og tag hver kiks og brækker dem i fjerde og rul hvert stykke til en kugle.
b) Smelt fedtstof i gryden.
c) Tag hver kugle og steg på panden ca 1 minut på hver side.
d) Prøv ikke at overpynte gryden ved at lave mad på én gang. Det bliver nemmere at brune hver side.
e) Hæld kuglen ud og kom den i en pose fyldt med sukker og ryst.

2.Backpacker barer

INGREDIENSER:
- 1 kop smør
- 4 æg - let pisket
- 1½ dl brun farin
- 2 kopper hele mandler
- 1 kop hurtiglavet havre
- 1 kop chokoladechips
- 1 kop fuldkornshvedemel
- ½ kop hakkede dadler
- 1 kop hvidt mel
- ½ kop hakkede tørrede abrikoser
- ½ kop hvedekim
- ½ kop revet kokosnød
- 4 tsk revet appelsinskal

INSTRUKTIONER:
a) Forvarm ovnen til 350. Fløde smør med 1 kop brun farin.
b) Rør havre, hvedemel, hvidt mel, hvedekim og appelsinskal i.
c) Tryk blandingen ned i bunden af en usmurt 9 x 13-tommer bradepande.
d) Kombiner æg, mandler, chokoladechips, dadler, abrikoser, kokos og de resterende ½ kop brun farin. Bland forsigtigt, men grundigt.
e) Hæld smørblandingen over. Fordel jævnt. Bages 30-35 minutter og afkøles, inden de skæres i stænger.

3.Orange kop honningkager

INGREDIENSER:
- 7 appelsiner
- Din yndlings honningkageblanding

INSTRUKTIONER:
a) Udhul appelsinerne fra toppen og sørg for, at du ikke skærer hul i appelsinen (ud over toppen).
b) Fyld appelsinen halvt til toppen med honningkagedej.
c) Pak appelsinen løst ind i aluminiumsfolie.
d) Placer de aluminiumsfolierede appelsiner i kullene på bålet og lad dem koge i cirka 12 minutter eller deromkring.
e) Test dem for at se, om honningkagerne er færdige . Hvis ikke, læg tilbage i kullene og kog et par minutter mere.
f) God fornøjelse!

4.Camping Brød Pizza Sandwicher

INGREDIENSER:
- Brød
- Smør
- 1 dåse pizzasauce
- Pepperoni, skåret i skiver
- 1 pakke revet pizzaost

INSTRUKTIONER:
a) Skær en del af folien, der er stor nok til at pakke din pizzasandwich. Læg folien med den matte side opad.
b) Smør den ene side af en skive brød og læg den med smørsiden nedad.
c) Smør pizzasauce på brød. Tilsæt pepperoni (eller hvad som helst).
d) Tilsæt pizzaost. Smør den ene side af en anden skive brød og læg den med smørsiden opad på din pizzasandwich.
e) Pak din pizzasandwich ind i folien og læg den på varme kul i 3-4 minutter på hver side, afhængig af hvor varme dine kul egentlig er.
f) Pak ud og spis.

5. Lejrspyd cantaloupe

INGREDIENSER:
- 1 cantaloupe
- ½ kop honning
- ¼ kop smør
- ⅓ kop hakkede friske mynteblade

INSTRUKTIONER:
a)   Forvarm grillen til medium varme.
b)   Træk cantaloupestykkerne på 4 spyd. I en lille gryde varmes smør eller margarine op med honning, indtil det er smeltet. Rør mynte i.
c)   Pensl cantaloupe med honningblanding. Olierist let.
d)   Placer spyd på opvarmet grill. Kog i 4 til 6 minutter, vend for at stege alle sider.
e)   Server med den resterende sauce ved siden af.

6. Chuckwagon Kabobs

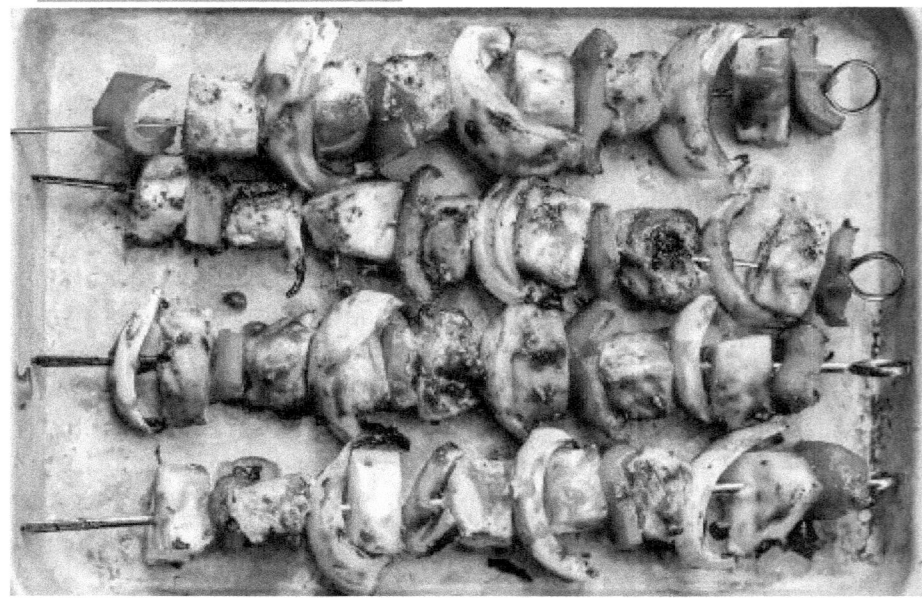

INGREDIENSER:
- 16-ounce pakke hotdogs - skåret i tredjedele
- 16-ounce pakke røget franker -- skåret i tredjedele
- 30-ounce pakke frosne bøffrites

INSTRUKTIONER:
a) Træk alle ingredienser på skift på spyd; pak løst ind i kraftig folie, hvis det ønskes.
b) Grill, uden grilllåg, ved middelhøj varme (350-400 grader) 3-4 minutter på hver side.

7. Camping Orange Muffins

INGREDIENSER:
- muffinsblanding
- friske bær
- 6 hele navleappelsiner

INSTRUKTIONER:
a) Tag din yndlingsmuffinblanding og tilsæt nogle friske bær.
b) Skær appelsiner i halve og fjern sektioner, men prik ikke hul i skindet.
c) Hæld muffinsblandingen i orange halvdel og dæk med dens anden halvdel. Pak ind i folie og kog i 10 til 12 minutter eller som anvist på blandingsinstruktionerne.

8. Camping French Toast

INGREDIENSER:
- 2 pund tykke skiver bacon
- Surdejsbrød
- 4-6 æg
- vanille ekstrakt
- kanelstænger
- ahornsirup

INSTRUKTIONER:

a) Få gang i et rigtig godt bål med kul. Brug en støbejernsgryde til at stege bacon. Gem alt baconfedtet i gryden.
b) Skær surdejsbrød i tykke skiver på mindst 1 tomme tykke.
c) Pisk æg, lidt vand, masser af ægte vaniljeekstrakt og lidt revet kanel sammen i en skål.
d) Dyp brød i æggeblandingen, få det godt og gennemblødt og læg det i varmt baconfedt.
e) Kog til det er godt og brunt og sprødt.
f) Hæld ægte ahornsirup over hele toppen.
g) Smager bedst udenfor i skoven!

9.Ingefærbrød og æblemos

INGREDIENSER:
- 1 æske honningkageblanding
- 24 ounces krukke æblemos

INSTRUKTIONER:
a) Start et hårdttræsbål.
b) Hæld æblemosen i en smurt hollandsk ovn af støbejern.
c) Bland honningkagedejen efter anvisning og hæld æblemosen over.

d) Sæt den hollandske ovn med låg på en kulleje og sæt en skovl fuld af varme kul på låget. Placer IKKE den hollandske ovn I en stor leje af kul, men kun på et enkelt lag varme kul.
e) Hvis du bruger trækul, skal du sætte den hollandske ovn på en bund af varmt trækul og sætte omtrent samme antal på låget.
f) Tjek for færdighed efter 20 minutter. Du vil ikke brænde æblemosen, men du vil have, at ingefærbrødet er gennemstegt. Brug en tandstik til at teste. Serveres varm!

10. Camping Blue Corn Tortillas

INGREDIENSER:
- 2 kopper blåt majsmel
- 1 spsk olivenolie
- 1½ kop varmt vand
- knivspids groft salt

INSTRUKTIONER:
a) Bland blåt majsmel med olivenolie og varmt vand med en knivspids salt.
b) Rul tortillamelet til runde dejkugler på størrelse med en tennisbold, og tryk dem flade mellem klare produktposer.
c) Steg dem over ilden i en jerngryde.

11. Grundlæggende Bannock-brød

INGREDIENSER:
- 1 kop mel (hvidt eller en blanding af hvid og fuld hvede)
- 1 tsk bagepulver
- ¼ tsk salt
- ¼ kop tørt mælkepulver
- 1 spsk afkortning

INSTRUKTIONER:
a) Lav blandingen hjemme i forvejen. Sigt alle tørre ingredienser, og skær derefter afkortningen gradvist i med en konditorkutter eller to knive, indtil du har en granulær, majsmel-lignende blanding.
b) Pakke i en zip-lock taske for nem transport. Du kan lave store partier på én gang og lave nok Bannock-blanding til en tur på kort tid. Sørg for at sigte de tørre ingredienser godt, så du ikke får hæveproblemer.
c) Nøglen til bagning er en konstant varme. Selvom flammer ikke indikerer en dårlig madlavning, fungerer rødglødende ild fra hårdttræ bedst. Start med en lille støbejernsgryde og olie den godt.
d) Hæld lidt vand i zip-lock-posen og bland det rundt. Fordi vandet og bagepulveret danner kuldioxid for at gøre brødet lyst, jo hurtigere du går fra blanding til stegepande, jo lettere bliver din Bannock (der vil dog altid være klumper).
e) Hvor meget vand du tilsætter afhænger af fugtigheden og den personlige smag. Du vil ikke have den tyndere end en muffinskonsistens. Du kan fordele dejen med en fingerstik eller en pind eller en ske, hvis det er nødvendigt, men det skal blive en nogenlunde ensartet klump. Husk, det er altid nemmere at tilføje vand end at tage det ud.
f) Pres blandingen ud af posen og ud på den opvarmede pande (ikke skoldningsvarm - hvis olien ryger, er den alt for varm). Gryden kan varmes over bålet, hvis du har en rist, eller læne sig op ad et par brænde i nærheden af varmekilden . Det skal ikke hvæse eller syde som en pandekagedej, det betyder, at tingene er for varme. Køl det af og vær tålmodig. Brødet vil begynde at hæve langsomt.
g) Din Bannock vil begynde at se brød-lignende ud. På dette tidspunkt får du lyst til at vende den: en lille rystelse af panden og et svirp med

håndleddet kan vende den om, men en spatel er også fair game. På dette tidspunkt skal du bare fortsætte med at dreje den. Du ved, når det er færdigt.

h) Hvis du har et låg, kan du prøve at tilberede din Bannock hollandske ovnstil og lægge kul på dit pandelåg. Ellers kan du vende den om for at tilberede toppen (forsigtigt!), eller når bunden er færdig , kan du støtte gryden op mod en træstamme med toppen mod ilden.

12. Lejrbrød

INGREDIENSER:
- 1 lb Brødblanding, enhver sort
- Bagepakker (aluminiumsgitter til bunden af gryden)
- 1 gallon ovnpose
- Vand
- Gryde

INSTRUKTIONER:
a) Læg brødblandingen i posen; tilsæt vand efter anvisningerne og bland ved at ælte posen.
b) Placer posen i gryden; dække og sæt i solen i en time eller to.
c) Når brødet er hævet, skal du forsigtigt fjerne posen.
d) Placer bagepakkeren i bunden af gryden og tilsæt nok vand til gryden til at dække risten. Læg brødposen tilbage i gryden og læg låg på.
e) Sæt gryden over direkte flamme og kog.
f) Når tiden er gået, MÅ IKKE LÅGET FJERNES. sæt i cirka 20 minutter mere.
g) Fjern låget; fjern plastikposen fra gryden; skær posen op og skræl af brødet.
h) Skær brødet på låget af gryden.

13. Camp Cornbread

INGREDIENSER:
- 1 kop majsmel
- 1 kop mel
- 2 tsk bagepulver
- ¾ teskefulde salt
- 1 kop mælk
- ¼ kop vegetabilsk olie

INSTRUKTIONER:
a) Bland de tørre ingredienser. Rør væsker i. Hæld i en godt smurt, opvarmet 10 eller 12-tommer støbejernsgryde.
b) Dæk tæt.
c) Bag ved lavt blus i 20 til 30 minutter, eller indtil den er fast i midten.
d) Når du bager over glødende kul, skal du placere panden på en lav grill, på et trestensfod i kullene eller direkte på kul. Læg kul på toppen af låget for at fordele varmen mere jævnt.
e) Bagt mad er mere tilbøjelig til at brænde på bunden end på toppen. For at undgå forbrænding skal du kontrollere temperaturen på dine kul, før du placerer en pande på dem.
f) Hold din hånd omkring seks inches over kullene; det skal være varmt, men du skal kunne holde hånden på plads i otte sekunder.

14.Baconbagte kartofler

INGREDIENSER:
- 5 pund runde hvide kartofler
- 1 pund tynde skiver bacon
- sølvpapir

INSTRUKTIONER:
a) Skrub kartoflerne i vand, prik dem med en gaffel. Pak ind i ét lag bacon. Pak ind i folie, den skinnende side mod indersiden.
b) Læg dig langs lejrbålets kul, og vend dig ofte med en lang tang.
c) Tjek for færdighed ved at stikke med en gaffel, når gaffel let glider ind i kartoflerne, tag dem ud af ilden.
d) Server med dit valg af toppings, og gem eventuelle rester til at blive genopvarmet til morgenmad.
e) Rester kan skæres op og blandes med røræg og ost til en hurtig lækker morgenmad .

15. Camp Donuts

INGREDIENSER:
- Madolie
- Enhver form for kiks i en tube fra mejeriafdelingen
- Kanel og sukker blanding

INSTRUKTIONER:
a) På et komfur opvarmes olien til varm nok til at stege kiksene.
b) Prik hul i kiksene med tommelfingeren lige i midten.
c) Når olien er klar , læg donuts i olien. Vend når du er klar.
d) Fjern dem fra olien, når de er brune . Rul straks i kanel og sukkerblanding.

16.Lejrbål Abebrød

INGREDIENSER:
- 4 dåser kiks
- 1 kop sukker
- 1 kop brun farin
- 4 spsk. kanel
- 1 stang margarine

INSTRUKTIONER:
a) Skær kiks i kvarte.
b) Bland sukker og kanel i en plastikpose. Læg kiks i posen og dæk dem godt. Placer i hollandsk ovn.
c) Smelt margarine og hæld over kiks; drys med brun farin.
d) Bag ved mellemstore kul i 20 til 25 minutter.

17. Hollandsk ovnølbrød

INGREDIENSER:
- 3 kopper selvhævende mel
- 3 spsk sukker
- 1 spsk tørrede løgflager
- 12 ounce øl, ingen mørke øl

INSTRUKTIONER:
a) Bland alt det tørre. Hæld øl i; blandes og lægges på arbejdsfladen. Ælt lidt til en dejkugle.
b) Flad det ud og sæt det i en velsmurt hollandsk ovn.
c) Placer Dutch Oven i kul (⅓ af kullene i bunden - ⅔ af kullene på toppen) og bag ca. 15 til 25 minutter, tjek efter de første 10 minutter eller deromkring.
d) Når den er flot brun på toppen, tages den ud og serveres.

18. Bål varme sandwich

INGREDIENSER:
- Pakker med små middagsruller eller 2 dusin kaiserruller
- 1½ pund barberet deli skinke
- ½ blok revet Velveeta ost
- 7 hårdkogte æg i tern
- 3 spsk mayonnaise

INSTRUKTIONER:
a) Bland alle ingredienser og fyld rullerne.
b) Pak hver sandwich ind i folie individuelt, og opvarm over bål i cirka 15 minutter.

19. Campinggærpandekager

INGREDIENSER:
- 3 kopper hvidt mel (eller bland hvid og fuld hvede)
- 3 kopper varm mælk
- 4 spiseskefulde vegetabilsk olie
- 3 hele æg, pisk til skum
- 1 tsk salt
- 1 spsk sukker
- 2 pakker tørgær (hurtighæver)
- 2 spsk almindelig yoghurt

INSTRUKTIONER:
a) Tilsæt begge pakker tørgær til den varme mælk.
b) Opløs gæren helt ved hjælp af en trådpisk.
c) Tilføj denne blandingskombination til melet i en stor røreskål. Tilsæt derefter æg og rør rundt.
d) Tilsæt olie, salt, sukker og yoghurt. Efter indfoldning af disse
e) ingredienser, dæk røreskålen til med et fugtigt håndklæde og stil skålen et lunt sted (Hvis du har en gasovn med pilotlys, er dette et perfekt sted, ellers fungerer et sted i solen godt).
f) Lad dejblandingen hæve (alt fra 20 til 40 minutter), indtil den har en meget let, skummende konsistens.
g) Varm en bageplade eller en stor stegepande op, indtil du kan hælde dråber vand på den, og de hopper. Juster ilden (eller komfurtemperaturen), så den passer, men vær omhyggelig med at holde ilden moderat. En lavere temperatur fungerer bedst.

SØDE SAGER

20.Bananbåd

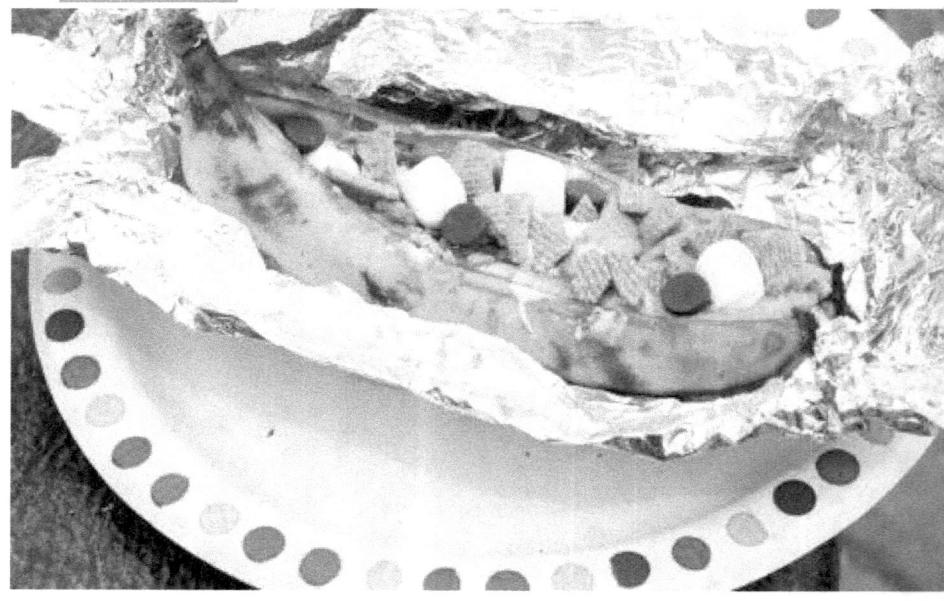

INGREDIENSER:
- 1 moden banan per person
- mini skumfiduser
- chokoladechips
- jordnøddesmør

INSTRUKTIONER:
a) Træk sektionen af bananskrællen en tomme bred tilbage, men brække den ikke af bananen (en kniv kan hjælpe med at få den bedste form)
b) Brug en ske til at tage lidt bananmasse ud. Fyld med skumfiduser, chokoladechips og jordnøddesmør, hvis det ønskes
c) Læg tilbagetrukket skræl over banan. Rul/pak bananen ind i folie og stil den over eller i nærheden af bålvarme.
d) Syng fjollede sange eller fortæl uhyggelige historier (ca. 10 minutter). Fjern fra ilden, pak ud og brug en ske til at øse lækre klatter af klistret sødme.

21. Backcountry kage

INGREDIENSER:
- 1 kop Bisquick
- ⅓ kopper varm kakaoblanding
- ⅓ kopper sukker
- 1 kop vand honning

INSTRUKTIONER:
a) Bland alle faste stoffer grundigt, og bland derefter langsomt i vand.
b) Tilsæt dejen til en nonstick eller smurt pande (vi brugte lidt olivenolie).
c) Kog over ild eller komfur, men vær meget omhyggelig med at kontrollere temperaturen.
d) For at undgå at bunden brænder på, kan du ændre grydens højde eller sætte gryden oven på en gryde med kogende vand.
e) Hvis du har en ½ tomme tyk mængde dej i din gryde, bør det tage omkring 15 minutter at koge grundigt.
f) Hvis du vil, skal du gentage for at oprette flere lag og stable dem sammen med honning.

22. Camping Orange Surprise

INGREDIENSER:
- hele appelsiner
- honningkageblanding
- ingredienser til at lave blanding
- æbler
- rosiner
- gulerødder
- vanilje yoghurt
- selleri
- små skumfiduser
- Mayonnaise

INSTRUKTIONER:
a) Skær appelsiner i halve og skrab indersiden ud (gem skræller).
b) Kom frugtkødet i en stor skål. Skær æblerne i skiver, skær gulerødderne i tern og skær sellerien i små mundrette stykker. Tilsæt rosinerne og skumfiduserne.
c) Bland mayonnaisen og yoghurten til en dressing til brug på salaten.
d) Tilsæt kageblandingen og de øvrige ingredienser i en separat skål.
e) Fyld den udelukkede appelsinskall ¾ fuld af kageblanding.
f) Sæt appelsinskallerne og kageblandingen på jævne kul fra din nedbrændte ild eller trækul. Du kan dække løst med et stykke folie.
g) Bag indtil færdig (tandstikker test). Du har nu en sund salat og kage med appelsinsmag til dessert.

23.Bålskomager

INGREDIENSER:
- 2 store dåser ferskner, æbler eller kirsebær crumb cake mix
- 1 æg
- stænk mælk

INSTRUKTIONER:
a) I en hollandsk ovn, hæld to store dåser frugt i gryden.
b) Bland en kasse med krummekageblanding med et æg og lidt mælk.
c) Hæld dejen oven på frugten og skær en stang smør i skiver og læg skiver ovenpå blandingen.
d) Læg låg på gryden og kog med et par skovle af varme bålkul på toppen af låget i ca. 30-40 minutter, indtil kagen er luftig og krummetoppen er færdig.
e) Fjern kulene og nyd. Det er bedst, hvis du lader det køle af. Skoldning af frugt brænder din vens mund!

24.Søde godbidder

INGREDIENSER:
- kølede kiks
- smeltet smør
- kanel
- sukker, honning eller marmelade

INSTRUKTIONER:
a) Tag din favorit slags køleskabskiks og flad dem lidt.
b) Vikl dem om en pind og steg til de er gyldenbrune og færdige indeni.
c) Rul i smeltet smør eller margarine (smørspray kan virke) og rul eller ryst derefter i en blanding af kanel og sukker.
d) Smør med farin eller flormelis er også godt, eller du kan bruge honning eller marmelade/gele.

25. Peanut Butter Cookies

INGREDIENSER:
- 1 kop jordnøddesmør
- 1 kop almindeligt mel
- 1 kop brun farin
- ¼ kopper mayonnaise
- ¼ kopper honning

INSTRUKTIONER:
a) Blend ingredienserne sammen, indtil de opnår en jævn konsistens.
b) Forbered ild med noget langsomt kogende egetræ med lidt tørt optænding, indtil det er brændt ned til rødlava-lignende kul. Fordel kullene jævnt for at fylde gruben fra side til side, så den passer til størrelsen på den stegepande, du skal bruge.
c) En støbejerns- eller kraftig stålpande fungerer godt, og husk at jo tyndere panden er, desto varmere er temperaturen til bagning. (Du ønsker at forsikre en lille hjemmelavet ovnteknik til bagning, ikke sydende eller brændende).
d) Sæt dit stativ over kullene, så der er cirka fem tommer forskel fra kullene til stativet.
e) Mel dine hænder og ske ud omkring 1 spiseskefuld dej i din håndflade og rul den til en halv-dollar-mønt størrelse form, omkring en halv tomme tyk. Læg den derefter i gryden og tryk toppen med en gaffel, indtil noget af dejen klemmer sig gennem krogene.
f) Fyld gryden pænt op med små mellemrum mellem småkagerne.
g) Dæk panden med et stykke aluminiumsfolie, men forsegl ikke folien til panden. (Dette vil tillade tilberedningsprocessen at holde varmen, men ikke opsætte et dampbad).
h) Krydr din pande meget let, for jordnøddesmørret har sin egen olie.
i) Sæt panden på den opvarmede rist over ilden, og lad småkagerne bage i mindst 15 minutter med de gaffelformede toppe, der forstærker en lys eller mørk gyldenbrun farve, alt efter din smag.

26. Smore-takulære æbler

INGREDIENSER:
- æbler
- chokoladebar opdelt i firkanter
- store skumfiduser

INSTRUKTIONER:

a) Lad dine æbler være hele, kerne dem ud med en melonballer, men lad bunden være fast.

b) Slip to firkanter af Hershey's ned i hullet, og forsegl det med en stor skumfidus.

c) Pak ind i folie og kog i kullene, som du ville gøre en bagt kartoffel.

27. Camping Dump kage

INGREDIENSER:
- Smør
- 16 ounce dåser frugttærtefyld
- 1 æske kageblanding
- ½ kop vand

INSTRUKTIONER:
a) Smør indersiden og bunden af låget på en hollandsk ovn.
b) Hæld tærtefyldet i den hollandske ovn.
c) Tilsæt kageblanding. Fordel jævnt.
d) Prik top med smør. Hæld vandet ovenpå.
e) Læg låg på hollandsk ovn. Placer hollandsk ovn i kul.
f) Skovl nogle kul oven på låget.
g) Bag tommer i cirka 30-45 minutter.
h) Test kagen for gennemstegthed.
i) Læg om nødvendigt tilbage på kul, tjek hvert 10.-15. minut.

28. Cherry Fudge lækkerier

INGREDIENSER:
- 1 æske fudge brownie mix
- 1½ kopper revet kokosnød
- 1 ½ kopper hakkede, kandiserede kirsebær
- 2 spsk Kirsebærsmagsolie
- 1 kop hakkede valnødder, delt
- pulveriseret sukker (til topping)
- Afkortning, til smøring

INSTRUKTIONER:
a) Følg brownieblandingsanvisningerne på æsken. Tilsæt kokos, ¾ kopper valnødder, smagsolie og kirsebær.
b) Blend godt! Hæld dejen i en smurt hollandsk ovn eller overdækket bradepande. Tilføj kul (5 på toppen, 7 under).
c) Bage. Det er gjort, når en kniv kommer ren ud.
d) Top med de resterende valnødder og drys med flormelis.
e) Lad afkøle. Skær i firkanter.

29.Kaffe dåse is

INGREDIENSER:
- 1 pint af halv og halv
- ½ kop sukker
- 1 æg
- 1 tsk vanilje eller 2 spsk chokoladesirup eller ¼ kop jordbær

INSTRUKTIONER:

a) Tilføj ovenstående ingredienser til 1 pund kaffedåsen. Sæt låget på kaffedåsen og fastgør med gaffatape.

b) Placer 1 pund kaffedåsen i 3 pund kaffedåsen.

c) Læg et lag med knust is og stensalt og læg låget på 3 punds kaffedåsen.

d) Nu begynder det sjove! Find en partner. Sæt dig på jorden og rul kaffedåsen frem og tilbage, 3 til 4 fod fra hinanden.

e) Rul i 8 til 10 minutter. Tjek om isen er hård. Hvis det ikke er, sæt låget på igen og tilsæt mere is og stensalt. Rul i yderligere 8 minutter. Anret i god størrelse skåle.

30. Trail Brownies

INGREDIENSER:
- ½ kopper grahams kiks, knust
- 1 spsk pulveriseret mælk
- 2 spsk valnødder, hakket
- 2 ounce chokoladechips

INSTRUKTIONER:
a) Hjemme: Pak graham-kiks og nødder sammen i én pose. Kombiner mælk og chips i en separat baggie.
b) På lejren: Tilsæt 2 spsk kogende vand til mælk/chip-blandingen og rør, indtil det er smeltet.
c) Rør hurtigt kiks/nøddeblanding i og lad det køle af.

31.Bål kanel æbler

INGREDIENSER:
- Æbler
- Kanelslik/Red Hots
- Sølvpapir

INSTRUKTIONER:

a) Udkern hvert æble med en skarp kniv eller æblekerner, og pas på ikke at gå helt igennem.

b) Fyld hvert æble med kanelslik og pak det ind i folie.

c) Læg dem på varme kul og opvarm indtil slik smelter og æbler er ret bløde.

d) Tænd ofte for kul for at sikre jævn opvarmning. Hvis du kan lide mere slik i midten, skal du udkerne en større del af æblet og nyde den udskårne del, mens du venter på, at det koger

e) Disse er meget varme og bør åbnes foroven og lades sidde i ca. 10 minutter efter at de er fjernet fra kul, før de forsøges at spise dem.

32.Bål kanel kaffekage

INGREDIENSER:
- 1 spsk smør eller margarine
- 1 kop pakket kiksblanding (bisquick osv.)
- ⅓ kopper Inddampet mælk, ufortyndet
- 1 spsk Tilberedt kanel-sukker

INSTRUKTIONER:
a)   Lav kaffekage: Skær smør i bittesmå stykker over kikseblanding i en mellemstor skål. Vend let med gaffel indtil smørret er dækket .
b)   Lav en brønd i midten.
c)   Hæld mælk og kanelsukker i, rør med gaffel, lige indtil blandingen er fugtet .
d)   Vend dejen til en let smurt og meldrysset 8 -tommer skinnende, tung stegepande.
e)   Med meldryssede hænder klappes det jævnt ned i gryden.
f)   Kog, tildækket, ved meget lav varme, 12 til 15 minutter, eller indtil en kagetester eller træhakke indsat i midten kommer ren ud.

TIL TOPPING:
g)   Smør kaffekagen med 2 spsk smør eller margarine.
h)   Drys derefter 1 tsk forberedt kanel-sukker over det hele.
i)   Skær i kvarte, og server lun.

33. Bålfondue

INGREDIENSER:
- 2 kopper revet cheddar ELLER schweizerost
- 2 spsk All-purpose mel
- ¼ teskefuld paprika
- 1 dåse Fløde af selleri suppe
- ½ dl øl eller hvidvin eller vand

INSTRUKTIONER:
a) Kombiner suppe og øl. Varm i en kedel ved svag varme.
b) Bland ost, mel og paprika sammen.
c) Tilsæt til kedel under omrøring, indtil osten er helt smeltet.
d) Server med franskbrødsterninger.

DRIKKE

34.Bål varm kakao

INGREDIENSER:
- 8 liter mælkepulver
- 16 ounce Nestle Quick
- 1 kop pulveriseret sukker

INSTRUKTIONER:
a) Kombiner alle ingredienser, opbevar i en lukket beholder.
b) For at lave varm kakao: tilsæt 5 teskefulde blanding til 8 ounce varmt vand.

35. Camping Cowboy kaffe

INGREDIENSER:
- 1 spsk groft malet kaffe
- 8 ounce kop

SÆRLIGE UDSTYR:
- lille, ren pind eller småstens kop velegnet til en varm drik ren bandana

INSTRUKTIONER:
a) Kom vandet i gryden og bring det i kog. Det koger hurtigere med låg på.
b) Når vandet koger, tilsæt en spiseskefuld groftmalet kaffe pr. kop. Tilsæt mindre, hvis du foretrækker svag kaffe, mere, hvis du kan lide den stærk.
c) Lad vandet koge i to eller tre minutter, og tag derefter kaffekanden af varmen. Læg mærke til, at noget af kaffegrumset flyder på overfladen, mens andet er sunket til bunden af kanden.
d) Tag stokken eller småstenen og kom den i kaffekanden.
e) Dette vil bryde overfladespændingen og tillade de flydende grunde at synke.
f) Når jorden har lagt sig i bunden, hæld kaffen i din kop. Hvis du virkelig er bekymret for at få kaffegrums i tænderne, så brug en bandana til at hælde kaffen igennem.
g) Omhyggelig hældning kan dog minimere mængden af jord, der ender i din kop, og det samme kan nipper forsigtigt.

36.Belgisk Hot Toddy

INGREDIENSER:
- 1 kop varmt vand
- 2 ounce belgisk whisky eller genever
- 1 spsk honning
- 1 skive citron
- Nellike (valgfrit)

INSTRUKTIONER:
a) genever og honning i et krus .
b) Tilføj en citronskive til blandingen.
c) Hvis det ønskes, studs citronskiven med nelliker.
d) Rør godt rundt og lad det trække et par minutter inden servering.

37.Chai Hot Toddy

INGREDIENSER:
- 3 kopper vand
- 1 kanelstang
- 6 hele nelliker
- 6 kardemommebælg, let knuste
- 2 chai teposer
- ¼ kop krydret rom eller bourbon
- 2 spsk honning
- 1 spsk friskpresset citronsaft eller 2 citronbåde

INSTRUKTIONER:
a) I en mellemstor gryde kombineres vand, kanelstænger, nelliker og let knuste kardemomme. Hvis du har en te-infuser, kan du lægge krydderierne i den for at undgå at blive anstrengt senere. Bring blandingen i kog.

b) Tag gryden af varmen og tilsæt chai teposerne. Dæk til og lad dem trække i 15 minutter. Si derefter blandingen gennem en finmasket sigte for at fjerne teposer og krydderier.

c) Kom den krydrede te tilbage i gryden og varm den op igen, indtil den er varm.

d) Rør den krydrede rom (eller bourbon), honning og citronsaft i, hvis du foretrækker det. Bland godt.

e) Fordel den varme toddy mellem to opvarmede krus og server med det samme. Alternativt kan du servere hvert krus med en citronskive til at presse juice i efter smag. God fornøjelse!

38. Peach Hot Toddy

INGREDIENSER:
- 40 oz (1 flaske) ferskenjuice
- 1/4 kop brun farin (pakket)
- 2 kanelstænger
- 2 spsk smør/margarine
- 1/2 kop ferskensnaps (valgfrit)
- Yderligere kanelstænger som pynt.

INSTRUKTIONER:
a) Kom saften, brun farin, kanelstænger og smør/margarine i en hollandsk ovn eller overdækket gryde og varm op til kog.
b) Fjern fra varmen og kassér kanelstængerne, tilsæt snapsen, (hvis det ønskes) pynt med en ferskenskive og kanelstang, og server.

39.Hyldebær Hot Toddy Elixir

INGREDIENSER:
- 2 kopper irsk whisky
- ½ kop tørrede hyldebær
- 2-tommers knop frisk ingefær, i tynde skiver
- 1- til 3-tommer kanelstang, knækket
- 6 til 8 hele nelliker
- ½ kop honning

INSTRUKTIONER:
a) Kombiner whisky, hyldebær, ingefær, kanel og nelliker i en mellemstor gryde.
b) Lad det simre i 1 time ved lav varme under omrøring af og til. Må ikke koge.
c) Fjern fra varmen efter 1 time. Dæk til og lad det sidde i 1 time.
d) Mens whiskyblandingen stadig er varm, hældes den gennem en finmasket si i en murerkrukke. Kassér urter og krydderier.
e) Rens gryden og kom whiskyen tilbage i gryden.
f) Tilsæt honningen i den varme whisky, og rør forsigtigt, indtil det er godt indarbejdet.
g) Når det er helt afkølet, hældes det i murerglasset eller en flot likørflaske og opbevares i spisekammeret ved stuetemperatur.

40.Heather Honey Hot Toddy

INGREDIENSER:
- 2 oz skotsk whisky
- 1 spsk lynghonning
- Varmt vand
- Citronskive
- Nellike (valgfrit)

INSTRUKTIONER:
a) Mål 2 ounce af din foretrukne skotske whisky i et krus.
b) Tilsæt en spiseskefuld lynghonning til kruset.
c) Pres en skive citron i kruset. Eventuelt kan du stikke et par nelliker ind i citronbåden for ekstra smag.
d) Hæld varmt vand i kruset, fyld det til din ønskede styrke.
e) Rør blandingen godt, og sørg for, at honningen er helt opløst.
f) Lad drinken trække i et minut eller to for at lade smagene smelte sammen.
g) Smag og juster sødmen eller syrligheden ved at tilføje mere honning eller citron, hvis det er nødvendigt.
h) Fjern citronskive og nelliker.

41. Gløgg rosmarinvin & sort te

INGREDIENSER:
- 1 Flaske rødvin; ELLER... anden fyldig rødvin
- 1 kvart Sort te præf. Assam eller Darjeeling
- ¼ kop Mild honning
- ⅓ kop Sukker; eller efter smag
- 2 Appelsiner skåret i tynde skiver og frøet
- 2 Kanelstænger (3-tommer)
- 6 Hele nelliker
- 3 Rosmarinkviste

INSTRUKTIONER:
a) Duften af denne drik er indbydende, og punchen kan holdes varm ved meget lav varme i et par timer, hvilket får huset til at dufte vidunderligt. Hvis du har rester tilovers, fjern appelsinerne og rosmarinen, lad punchen køle af til stuetemperatur, og stil derefter på køl. Genopvarmet forsigtigt med friske appelsiner og rosmarin, vil punchen være en smule stærkere, men stadig ganske fornøjelig.

b) Hæld vin og te i en ikke-korroderende gryde. Tilsæt honning, sukker, appelsiner, krydderier og rosmarin. Opvarm ved svag varme, indtil de knap nok damper. Rør indtil honningen er opløst .

c) Tag gryden af varmen, læg låg på og lad den stå i mindst 30 minutter. Når du er klar til at servere, opvarmes til den lige er dampende og serveres varm.

42.Mulled Ale med krydderier og brandy

INGREDIENSER
- 18 ounces juleøl
- 2½ spsk mørk brun farin
- 4-6 nelliker efter smag
- 2-stjernet anis
- 1 kanelstang
- ½ tsk stødt muskatnød
- 6 stykker appelsinskal
- 3 ounce brandy

INSTRUKTIONER
a) I en gryde eller en lille gryde blandes ale (halvanden flaske, 18 ounce i alt) med brun farin og muskatnød, tilsæt nelliker, stjerneanis, kanelstang og appelsinskal.
b) Bring det forsigtigt i kog (må ikke koge), rør for at sukkeret opløses, og lad det simre i 2-3 min, så det bliver godt gennemsyret af krydderierne.
c) Fjern fra varmen og tilsæt brandy.
d) Server i krus, pyntet med en appelsinskive, og nyd ansvarligt.

43.Kardemomme og rosekrydret varm chokolade

INGREDIENSER:
- 2 kopper mælk (mejeri eller alternativ mælk)
- 2 spsk kakaopulver
- 2 spsk sukker (tilpas efter smag)
- ½ tsk stødt kardemomme
- ¼ tsk rosenvand
- Knip stødt kanel
- Flødeskum og tørrede rosenblade til pynt
- Marshmallows, til topping

INSTRUKTIONER:
a) I en gryde varmes mælken op ved middel varme, indtil den er varm, men ikke kogende.
b) I en lille skål piskes kakaopulver, sukker, kardemomme, rosenvand og kanel sammen.
c) Pisk gradvist kakaoblandingen i den varme mælk, indtil den er godt blandet og glat.
d) Fortsæt med at opvarme blandingen, indtil den når den ønskede temperatur, under omrøring af og til.
e) Hæld den krydrede varme chokolade i krus og pynt med flødeskum, skumfiduser og tørrede rosenblade. Server og nyd!

44. Mexicansk-inspireret krydret varm chokolade

INGREDIENSER:
- 2 kopper mælk (mejeri eller alternativ mælk)
- 2 ounce mørk chokolade, finthakket
- 2 spsk kakaopulver
- 2 spsk sukker (tilpas efter smag)
- ½ tsk stødt kanel
- ¼ tsk stødt muskatnød
- Knip cayennepeber (valgfrit)
- Flødeskum og kakaopulver til pynt

INSTRUKTIONER:
a) I en gryde varmes mælken op ved middel varme, indtil den er varm, men ikke kogende.
b) Tilsæt hakket mørk chokolade, kakaopulver, sukker, kanel, muskatnød og cayennepeber (hvis du bruger) til mælken.
c) Pisk konstant indtil chokoladen er smeltet og blandingen er glat og godt blandet.
d) Fortsæt med at opvarme den krydrede varme chokolade, rør af og til, indtil den når den ønskede temperatur.
e) Hæld i krus, top med flødeskum og drys med kakaopulver. Server og nyd!

45.Honningkager krydret varm chokolade

INGREDIENSER:
- 2 kopper mælk (mejeri eller alternativ mælk)
- 2 spsk kakaopulver
- 2 spsk brun farin
- ½ tsk malet ingefær
- ½ tsk stødt kanel
- ¼ tsk stødt muskatnød
- Knip stødt nelliker
- Flødeskum og honningkage-småkager til pynt

INSTRUKTIONER:
a) I en gryde varmes mælken op ved middel varme, indtil den er varm, men ikke kogende.
b) I en lille skål piskes kakaopulver, brun farin, ingefær, kanel, muskatnød og nelliker sammen.
c) Pisk gradvist kakaoblandingen i den varme mælk, indtil den er godt blandet og glat.
d) Fortsæt med at opvarme den krydrede varme chokolade, rør af og til, indtil den når den ønskede temperatur.
e) Hæld i krus, top med flødeskum, og drys honningkage-småkagekrummer ovenpå. Server og nyd!

46. Chai krydret varm chokolade

INGREDIENSER:
- 2 kopper mælk (mejeri eller alternativ mælk)
- 2 spsk kakaopulver
- 2 spsk sukker (tilpas efter smag)
- 1 tsk chai teblade (eller 1 chai tepose)
- ½ tsk stødt kanel
- ¼ tsk stødt kardemomme
- Knip malet ingefær
- Flødeskum og et drys kanel til pynt

INSTRUKTIONER:
a) I en gryde varmes mælken op ved middel varme, indtil den er varm, men ikke kogende.
b) Tilsæt chai -tebladene (eller teposen) til mælken og lad det trække i 5 minutter. Fjern tebladene eller teposen.
c) I en lille skål piskes kakaopulver, sukker, kanel, kardemomme og ingefær sammen.
d) Pisk gradvist kakaoblandingen i den varme mælk, indtil den er godt blandet og glat.
e) Fortsæt med at opvarme den krydrede varme chokolade, rør af og til, indtil den når den ønskede temperatur.
f) Hæld i krus, top med flødeskum, og drys med kanel. Server og nyd!

47.Peta varm chokolade

INGREDIENSER:
- ½ kop usødet kakaopulver
- ½ kop sukker
- 1 streg Salt
- ½ kop vand
- 6 kopper vanilje sojamælk
- tofu flødeskum
- kanelstænger

INSTRUKTIONER:

a) I en 2 liter gryde røres kakao, sukker og salt sammen, indtil det er godt blandet.

b) Tilsæt vandet og rør til det er glat. Kog blandingen over middel varme, indtil den koger, under konstant omrøring med en ske eller piskeris.

c) Sænk varmen og kog i 2 minutter mere under konstant omrøring.

d) Rør sojamælken i og varm op, indtil der dannes små bobler rundt om kanten, under konstant omrøring. Tag gryden af varmen. Pisk med et piskeris eller elektrisk mixer, indtil glat og skummende, og hæld derefter i 8-ounce krus.

e) Top med pisket tofu og pynt med kanelstænger.

48.Red Velvet varm chokolade

INGREDIENSER:
- 14 ounce sødet kondenseret mælk
- 1 kop tung fløde
- 6 kopper sødmælk
- 1 kop halvsød chokoladechips
- 1 spsk vaniljeekstrakt
- 1 spsk flødeost
- 4 dråber rød madgel

INSTRUKTIONER:

a) Tilsæt den sødede kondenserede mælk, chokoladechips, flødeskum, mælk og vaniljeekstrakt i din langsom komfur og kog ved lav varme i 3 timer under omrøring hver time. Chokolade og mælk i slowcookeren

b) Når chokoladen er smeltet, røres flødeost og rød madfarve i.

c) Fortsæt madlavningen, hvis det ønskes, eller reducer varmen til varm og server. Chokolade i slowcookeren

d) Hvis blandingen er for tyk til dine præferencer, kan du fortynde den med ekstra mælk eller vand. Rød fløjls varm chokolade i et klart krus.

49. Osteagtig varm chokolade

INGREDIENSER:
- 2 kopper mælk
- ½ kop tung fløde
- 1 kop revet amerikansk ost
- 2 spsk kakaopulver
- 2 spsk sukker
- 1 tsk vaniljeekstrakt

INSTRUKTIONER:
a) I en gryde varmes mælken og fløden op over medium varme.
b) Tilsæt den revet amerikanske ost og rør indtil den er smeltet og kombineret.
c) Tilsæt kakaopulver, sukker og vaniljeekstrakt og rør, indtil det er godt blandet.
d) Serveres varm.

50. Gedeost og honning varm chokolade

INGREDIENSER:
- 2 kopper mælk (mejeri eller alternativ mælk)
- 2 spsk kakaopulver
- 2 spsk honning (tilpas efter smag)
- ¼ kop gedeost, smuldret
- Knivspids salt
- Flødeskum og et skvæt honning til pynt

INSTRUKTIONER:
a) I en gryde varmes mælken op ved middel varme, indtil den er varm, men ikke kogende.
b) I en lille skål piskes kakaopulver, honning og salt sammen.
c) Pisk gradvist kakaoblandingen i den varme mælk, indtil den er godt blandet og glat.
d) Tilsæt den smuldrede gedeost til den varme chokolade og pisk, indtil den smelter og er inkorporeret i blandingen.
e) Fortsæt med at opvarme den osteagtig varme chokolade, omrør lejlighedsvis, indtil den når den ønskede temperatur.
f) Hæld i krus, top med flødeskum, og dryp med honning. Server og nyd!

51.Blå ost Varm chokolade

INGREDIENSER:
- 2 kopper mælk (mejeri eller alternativ mælk)
- 2 spsk kakaopulver
- 2 spsk sukker (tilpas efter smag)
- ¼ kop blåskimmelost, smuldret
- Knivspids salt
- Flødeskum og et drys smuldret blåskimmelost til pynt

INSTRUKTIONER:
a) I en gryde varmes mælken op ved middel varme, indtil den er varm, men ikke kogende.
b) I en lille skål piskes kakaopulver, sukker og salt sammen.
c) Pisk gradvist kakaoblandingen i den varme mælk, indtil den er godt blandet og glat.
d) Tilsæt den smuldrede blåskimmelost til den varme chokolade og pisk, indtil den smelter og indgår i blandingen.
e) Fortsæt med at opvarme den osteagtig varme chokolade, omrør lejlighedsvis, indtil den når den ønskede temperatur.
f) Hæld i krus, top med flødeskum, og drys med smuldret blåskimmelost. Server og nyd!

52.Parmesan og havsalt varm chokolade

INGREDIENSER:
- 2 kopper mælk (mejeri eller alternativ mælk)
- 2 spsk kakaopulver
- 2 spsk sukker (tilpas efter smag)
- ¼ kop revet parmesanost
- Knip havsalt
- Flødeskum og et drys revet parmesan til pynt

INSTRUKTIONER:
a) I en gryde varmes mælken op ved middel varme, indtil den er varm, men ikke kogende.
b) I en lille skål piskes kakaopulver, sukker og havsalt sammen.
c) Pisk gradvist kakaoblandingen i den varme mælk, indtil den er godt blandet og glat.
d) Tilsæt den revet parmesanost til den varme chokolade og pisk, indtil den smelter og er inkorporeret i blandingen.
e) Fortsæt med at opvarme den osteagtig varme chokolade, omrør lejlighedsvis, indtil den når den ønskede temperatur.
f) Hæld i krus, top med flødeskum, og drys med revet parmesan. Server og nyd!

53.Pepper Jack og Cayenne varm chokolade

INGREDIENSER:
- 2 kopper mælk (mejeri eller alternativ mælk)
- 2 spsk kakaopulver
- 2 spsk sukker (tilpas efter smag)
- ¼ kop revet peberost
- ¼ tsk cayennepeber (tilpas til krydderipræference)
- Flødeskum og et drys cayennepeber til pynt

INSTRUKTIONER:
a) I en gryde varmes mælken op ved middel varme, indtil den er varm, men ikke kogende.
b) I en lille skål piskes kakaopulver, sukker og cayennepeber sammen.
c) Pisk gradvist kakaoblandingen i den varme mælk, indtil den er godt blandet og glat.
d) Tilsæt den revet peber jack ost til den varme chokolade og pisk, indtil den smelter og indgår i blandingen.
e) Fortsæt med at opvarme den osteagtig varme chokolade, omrør lejlighedsvis, indtil den når den ønskede temperatur.
f) Hæld i krus, top med flødeskum, og drys med cayennepeber. Server og nyd!

54.Toblerone varm chokolade

INGREDIENSER:
- 3 trekantede stænger af Toblerone
- ⅓ kop Sød fløde
- 1 Habaneros, fint hakket

INSTRUKTIONER

a) Varm fløden op ved svag varme og smelt chokoladen.
b) Bland ofte for at undgå "hot spots".
c) Varier mængden af creme alt efter ønsket tykkelse, når den er kølet ned.
d) Når fløde og chokolade er godt blandet, røres habaneros i.
e) Lad afkøle og server med æble- eller pærestykker.

55. Cheesy Hot Toddy

INGREDIENSER:
- 1 kop varmt vand
- ½ ounce citronsaft
- 1 spsk honning
- 1 kanelstang
- 1 ounce revet amerikansk ost

INSTRUKTIONER:
a) I et krus kombineres det varme vand, citronsaft, honning og kanelstang. Rør for at kombinere.
b) Tilsæt den revet amerikanske ost og rør indtil den er smeltet og kombineret.
c) Fjern kanelstangen og server.

56.Kokos varm chokolade

INGREDIENSER:

- 2 kopper kokosmælk
- 2 spsk usødet kakaopulver
- 2 spsk granuleret sukker
- ½ tsk vaniljeekstrakt
- Flødeskum (valgfrit)
- Strimlet kokos til pynt (valgfrit)

INSTRUKTIONER:

a) I en gryde piskes kokosmælk, kakaopulver, sukker og vaniljeekstrakt sammen.
b) Stil gryden over middel varme og rør, indtil blandingen er varm og dampende (men ikke kogende).
c) Fjern fra varmen og hæld den varme chokolade i krus.
d) Top med flødeskum og pynt med revet kokos, hvis det ønskes.

57.Ferrero Rocher varm chokolade

INGREDIENSER:
- 2 kopper mælk
- ¼ kop tung fløde
- 4 Ferrero Rocher -chokolader, finthakket
- Flødeskum (valgfrit, til topping)
- Kakaopulver (valgfrit, til afstøvning)

INSTRUKTIONER:
a) I en lille gryde opvarmes mælken og fløden over medium varme, indtil det er varmt, men ikke kogende.
b) Tilsæt de hakkede Ferrero Rocher -chokolader i gryden og pisk, indtil de er smeltet og godt blandet.
c) Hæld den varme chokolade i krus.
d) Hvis det ønskes, top med flødeskum og drys med kakaopulver.
e) Server varm og nyd den rige og overbærende Ferrero Rocher Hot Chocolate.

58.Honeycomb Candy Hot Chokolade

INGREDIENSER:
- 2 kopper mælk (mejeri eller plantebaseret)
- 2 spsk kakaopulver
- 2 spsk sukker
- ¼ kop honeycomb slik, knust
- Flødeskum og chokoladespåner til topping (valgfrit)

INSTRUKTIONER:
a) I en gryde varmes mælken op ved middel varme, indtil den er varm, men ikke kogende.
b) Pisk kakaopulver og sukker i, indtil det er godt blandet og glat.
c) Tilføj den knuste honeycomb slik til den varme chokoladeblanding.
d) Fortsæt med at varme og rør indtil honeycomb slik er smeltet .
e) Hæld den varme chokolade i krus.
f) Top med flødeskum og chokoladespåner, hvis det ønskes.
g) Nyd denne rige og dekadente honeycomb slik varm chokolade på en kølig dag.

59. Ahorn varm chokolade

INGREDIENSER:
- ¼ kop sukker
- 1 spsk bagekakao
- ⅛ teskefuld salt
- ¼ kop varmt vand
- 1 spsk smør
- 4 kopper mælk
- 1 tsk ahornsmag
- 1 tsk vaniljeekstrakt
- 12 skumfiduser, delt

INSTRUKTIONER:
a) Bland sukker, kakao og salt i en stor gryde. Rør varmt vand og smør; bring det i kog ved middel varme.
b) Tilsæt mælk, ahornsmag, vanilje og 8 skumfiduser.
c) Varm igennem, under omrøring af og til, indtil skumfiduserne er smeltet .
d) Hæld i 4 krus; top med resterende skumfiduser.

60. Rose varm chokolade

INGREDIENSER:
- 2 kopper mælk (mejeri eller alternativ mælk)
- 2 spsk kakaopulver
- 2 spsk sukker (tilpas efter smag)
- 1 tsk rosenvand
- Flødeskum og tørrede rosenblade til pynt

INSTRUKTIONER:
a) I en gryde varmes mælken op ved middel varme, indtil den er varm, men ikke kogende.
b) I en lille skål piskes kakaopulver og sukker sammen.
c) Rør rosenvandet i, indtil det er godt blandet.
d) Pisk gradvist kakaoblandingen i den varme mælk, indtil den er jævn og godt blandet.
e) Fortsæt med at opvarme den rosenvarme chokolade, under omrøring af og til, indtil den når den ønskede temperatur.
f) Hæld i krus, top med flødeskum, og pynt med tørrede rosenblade. Server og nyd!

61.Orange Blossom varm chokolade

INGREDIENSER:
- 2 kopper mælk (mejeri eller alternativ mælk)
- 2 spsk kakaopulver
- 2 spsk sukker (tilpas efter smag)
- 1 tsk appelsinblomstvand
- Flødeskum og appelsinskal til pynt

INSTRUKTIONER:
a) I en gryde varmes mælken op ved middel varme, indtil den er varm, men ikke kogende.
b) I en lille skål piskes kakaopulver og sukker sammen.
c) Rør appelsinblomstvandet i, indtil det er godt blandet.
d) Pisk gradvist kakaoblandingen i den varme mælk, indtil den er jævn og godt blandet.
e) Fortsæt med at opvarme den varme appelsinblomstchokolade under omrøring af og til, indtil den når den ønskede temperatur.
f) Hæld i krus, top med flødeskum og pynt med appelsinskal. Server og nyd!

62.Hyldeblomst varm chokolade

INGREDIENSER:
- 2 kopper mælk (mejeri eller alternativ mælk)
- 2 spsk kakaopulver
- 2 spsk sukker (tilpas efter smag)
- 1 spsk hyldeblomstsirup
- Flødeskum og spiselige blomster til pynt

INSTRUKTIONER:

a) I en gryde varmes mælken op ved middel varme, indtil den er varm, men ikke kogende.

b) I en lille skål piskes kakaopulver og sukker sammen.

c) Rør hyldeblomstsiruppen i, indtil den er godt blandet.

d) Pisk gradvist kakaoblandingen i den varme mælk, indtil den er jævn og godt blandet.

e) Fortsæt med at opvarme den varme hyldeblomstchokolade under omrøring af og til, indtil den når den ønskede temperatur.

f) Hæld i krus, top med flødeskum og pynt med spiselige blomster. Server og nyd!

63.Hibiscus varm chokolade

INGREDIENSER:
- 2 kopper mælk (mejeri eller alternativ mælk)
- 2 spsk kakaopulver
- 2 spsk sukker (tilpas efter smag)
- 1 spsk tørrede hibiscus blomster
- Flødeskum og et drys hibiscusblade til pynt

INSTRUKTIONER:
a) I en gryde varmes mælken op ved middel varme, indtil den er varm, men ikke kogende.
b) I en lille skål piskes kakaopulver og sukker sammen.
c) Tilsæt de tørrede hibiscusblomster til den varme mælk og lad det trække i 5 minutter. Fjern hibiscusblomsterne.
d) Pisk gradvist kakaoblandingen i den varme mælk, indtil den er godt blandet og glat.
e) Fortsæt med at opvarme den varme hibiscus chokolade, omrør lejlighedsvis, indtil den når den ønskede temperatur.
f) Hæld i krus, top med flødeskum, og drys med hibiscus kronblade. Server og nyd!

64. Lavendel varm chokolade

INGREDIENSER:
- 2 kopper mælk (mejeri eller alternativ mælk)
- 2 spsk kakaopulver
- 2 spsk sukker (tilpas efter smag)
- 1 tsk tørrede lavendelblomster
- ½ tsk vaniljeekstrakt
- Flødeskum og lavendelblade til pynt

INSTRUKTIONER:

a) I en gryde varmes mælken op ved middel varme, indtil den er varm, men ikke kogende.

b) I en lille skål piskes kakaopulver og sukker sammen.

c) Tilsæt de tørrede lavendelblomster til den varme mælk og lad det trække i 5 minutter. Fjern lavendelblomsterne.

d) Pisk gradvist kakaoblandingen i den varme mælk, indtil den er godt blandet og glat.

e) Rør vaniljeekstrakten i.

f) Fortsæt med at opvarme den lavendel-infunderede varme chokolade, omrør lejlighedsvis, indtil den når den ønskede temperatur.

g) Hæld i krus, top med flødeskum, og pynt med lavendelblade. Server og nyd!

65. Mørk Matcha varm chokolade

INGREDIENSER:
- 1 scoop Fairtrade mørk varm chokolade
- 1 miniske Matcha pulver
- Dampet mælk

INSTRUKTIONER:
a) Kombiner matchaen med et stænk varmt vand og bland til en jævn pasta
b) Fyld op med dampet mælk under omrøring, mens du hælder

66. Mint varm chokolade

INGREDIENSER:
- 2 kopper mælk (mejeri eller alternativ mælk)
- 2 spsk kakaopulver
- 2 spsk sukker (tilpas efter smag)
- ¼ kop friske mynteblade
- ½ tsk vaniljeekstrakt
- Flødeskum og friske mynteblade til pynt

INSTRUKTIONER:
a) I en gryde varmes mælken op ved middel varme, indtil den er varm, men ikke kogende.
b) I en lille skål piskes kakaopulver og sukker sammen.
c) Tilsæt de friske mynteblade til den varme mælk og lad det trække i 5 minutter. Fjern myntebladene.
d) Pisk gradvist kakaoblandingen i den varme mælk, indtil den er godt blandet og glat.
e) Rør vaniljeekstrakten i.
f) Fortsæt med at opvarme den mynte-infunderede varme chokolade, under omrøring af og til, indtil den når den ønskede temperatur.
g) Hæld i krus, top med flødeskum, og pynt med friske mynteblade. Server og nyd!

67. Rosmarin varm chokolade

INGREDIENSER:
- 2 kopper mælk (mejeri eller alternativ mælk)
- 2 spsk kakaopulver
- 2 spsk sukker (tilpas efter smag)
- 2 kviste frisk rosmarin
- ½ tsk vaniljeekstrakt
- Flødeskum og en kvist rosmarin til pynt

INSTRUKTIONER:
a) I en gryde varmes mælken op ved middel varme, indtil den er varm, men ikke kogende.
b) I en lille skål piskes kakaopulver og sukker sammen.
c) Tilsæt de friske rosmarinkviste til den varme mælk og lad det trække i 5 minutter. Fjern rosmarinkvistene.
d) Pisk gradvist kakaoblandingen i den varme mælk, indtil den er godt blandet og glat.
e) Rør vaniljeekstrakten i.
f) Fortsæt med at opvarme den rosmarin-infunderede varme chokolade, omrør lejlighedsvis, indtil den når den ønskede temperatur.
g) Hæld i krus, top med flødeskum, og pynt med en kvist rosmarin. Server og nyd!

68.Basilikum varm chokolade

INGREDIENSER:
- 2 kopper mælk (mejeri eller alternativ mælk)
- 2 spsk kakaopulver
- 2 spsk sukker (tilpas efter smag)
- ¼ kop friske basilikumblade
- ½ tsk vaniljeekstrakt
- Flødeskum og friske basilikumblade til pynt

INSTRUKTIONER:
a) I en gryde varmes mælken op ved middel varme, indtil den er varm, men ikke kogende.
b) I en lille skål piskes kakaopulver og sukker sammen.
c) Tilsæt de friske basilikumblade til den varme mælk og lad det trække i 5 minutter. Fjern basilikumbladene.
d) Pisk gradvist kakaoblandingen i den varme mælk, indtil den er godt blandet og glat.
e) Rør vaniljeekstrakten i.
f) Fortsæt med at opvarme den basilikum-infunderede varme chokolade, under omrøring af og til, indtil den når den ønskede temperatur.
g) Hæld i krus, top med flødeskum, og pynt med friske basilikumblade. Server og nyd!

69.Salvie varm chokolade

INGREDIENSER:
- 2 kopper mælk (mejeri eller alternativ mælk)
- 2 spsk kakaopulver
- 2 spsk sukker (tilpas efter smag)
- 2 kviste frisk salvie
- ½ tsk vaniljeekstrakt
- Flødeskum og et salvieblad til pynt

INSTRUKTIONER:

a) I en gryde varmes mælken op ved middel varme, indtil den er varm, men ikke kogende.

b) I en lille skål piskes kakaopulver og sukker sammen.

c) Tilsæt de friske salviekviste til den varme mælk og lad det trække i 5 minutter. Fjern salviekvistene.

d) Pisk gradvist kakaoblandingen i den varme mælk, indtil den er godt blandet og glat.

e) Rør vaniljeekstrakten i.

f) Fortsæt med at opvarme den salvie-infunderede varme chokolade, under omrøring af og til, indtil den når den ønskede temperatur.

g) Hæld i krus, top med flødeskum, og pynt med et salvieblad. Server og nyd!

70.Oreo hvid varm chokolade

INGREDIENSER:
- 4½ dl sødmælk
- ⅔ kop sødet kondenseret kokosmælk
- ⅔ kop hvide chokoladechips
- ½ tsk vaniljeekstrakt
- 1 tsk småkage & flødesirup
- 8 Oreo cookies
- flødeskum til pynt

INSTRUKTIONER:
a) Tilsæt mælk, sødet kondenseret mælk, vanilje og småkager og flødesirup til en stor gryde ved middel varme.
b) Fjern fyldet fra dine Oreo-kager og tilsæt cremefyldet til ingredienserne i en gryde. Stil cookies til side til senere. Tilsæt hvide chokoladechips til gryden.
c) Pisk ingredienserne i gryden indtil de hvide chokoladechips er helt smeltet.
d) Hæld dampende hvid varm chokolade i krus og top med en generøs klat flødeskum.
e) Afslut med smuldrede Oreo cookies.

71. Biscoff varm chokolade

INGREDIENSER:
- 2 kopper sødmælk
- ¼ kop Biscoff -pålæg
- 2 spsk usødet kakaopulver
- 2 spsk granuleret sukker
- Flødeskum (valgfrit, til topping)
- Biscoff småkage krummer (valgfrit, til pynt)

INSTRUKTIONER:
a) I en lille gryde varmes sødmælken op ved middel varme, indtil den er varm, men ikke kogende.
b) Pisk Biscoff- spread, kakaopulver og perlesukker i, indtil det er godt blandet og glat.
c) Fortsæt med at opvarme blandingen, pisk af og til, indtil den er varm og dampende.
d) Tag gryden af varmen og hæld Biscoff varm chokolade i krus.
e) Top med flødeskum og drys med Biscoff- kagekrummer, hvis det ønskes.
f) Server Biscoff varm chokolade med det samme og nyd!

72. Snickerdoodle varm chokolade

INGREDIENSER:
- 2 kopper mælk
- 2 spsk hvide chokoladechips
- 1 spsk sukker
- ½ tsk vaniljeekstrakt
- ½ tsk stødt kanel
- Kanelstænger (valgfrit, til pynt)

INSTRUKTIONER:
a) I en gryde varmes mælken op ved middel varme, indtil den er varm, men ikke kogende.
b) Tilsæt de hvide chokoladechips, sukker, vaniljeekstrakt og stødt kanel til den varme mælk.
c) Pisk konstant indtil de hvide chokoladechips smelter og blandingen bliver jævn.
d) Fortsæt med at opvarme blandingen i et par minutter mere, indtil den når den ønskede temperatur .
e) Hæld i krus og pynt med en kanelstang, hvis det ønskes.

73.Mint Chokolade Chip Varm Chokolade

INGREDIENSER:
- 2 kopper mælk
- 2 spsk kakaopulver
- 2 spsk sukker
- ¼ teskefuld pebermynteekstrakt
- Grøn madfarve (valgfrit)
- Flødeskum (valgfrit)
- Knust chokolade mynte cookies (valgfrit, til pynt)

INSTRUKTIONER:
a) I en gryde varmes mælken op ved middel varme, indtil den er varm, men ikke kogende.
b) Tilsæt kakaopulver, sukker, pebermynteekstrakt og et par dråber grøn madfarve (hvis du bruger) til den varme mælk.
c) Pisk indtil kakaopulver og sukker er helt opløst og blandingen er godt blandet.
d) Fortsæt med at opvarme blandingen i et par minutter mere, indtil den når den ønskede temperatur.
e) Hæld i krus og top med flødeskum og knust chokolademyntekager, hvis det ønskes.

74.Honningkager varm chokolade e

INGREDIENSER:
- 2 kopper mælk
- 2 spsk kakaopulver
- 2 spsk sukker
- ½ tsk malet ingefær
- ¼ tsk stødt kanel
- ⅛ teskefuld stødt muskatnød
- Flødeskum (valgfrit)
- Gingerbread cookie-krummer (valgfrit, til pynt)

INSTRUKTIONER:
a) I en gryde varmes mælken op ved middel varme, indtil den er varm, men ikke kogende.
b) Tilsæt kakaopulver, sukker, malet ingefær, stødt kanel og stødt muskatnød til den varme mælk.
c) Pisk indtil alle ingredienser er godt blandet og blandingen er jævn.
d) Fortsæt med at opvarme blandingen i et par minutter mere, indtil den når den ønskede temperatur.
e) Hæld i krus og top med flødeskum og et drys af honningkage-småkage, hvis det ønskes.

75.Gløgg

INGREDIENSER :
- 1 flaske rødvin
- 2 appelsiner
- 3 kanelstænger
- 5-stjerneanis
- 10 hele nelliker
- 3/4 kop brun farin

INSTRUKTIONER:
a) Læg alle ingredienser undtagen appelsinerne i en mellemstor gryde.
b) Skræl halvdelen af en appelsin med en skarp kniv eller skræller. Undgå at skrælle så meget marv (hvid del) som muligt, da det har en bitter smag.
c) Juft appelsinerne og kom dem i gryden sammen med appelsinskallen.
d) Varm blandingen op ved middel varme, indtil den lige er dampende. Reducer varmen til et lavt kogepunkt. Varm i 30 minutter for at lade krydderierne trække.
e) Si vinen og server i varmefaste kopper.

76.Pudsey bjørnekiks Varm chokolade

INGREDIENSER:
- Pudsey bjørnekiks (et par stykker)
- Mælk (2 kopper)
- Varm chokoladeblanding eller kakaopulver (2-3 spsk)
- Sukker (efter smag, valgfrit)

INSTRUKTIONER:

a) Begynd med at knuse Pudsey bjørnekiksene i små stykker. Du kan bruge en kagerulle eller en foodprocessor til dette trin.

b) I en gryde varmes mælken op ved middel-lav varme. Rør af og til for at forhindre svidning.

c) Når mælken er varm, men ikke kogende, tilsættes de knuste Pudsey- bjørnekiks i gryden. Rør forsigtigt for at kombinere.

d) Lad kiksene trække i mælken i cirka 5-10 minutter. Dette vil hjælpe smagene til at smelte sammen.

e) Efter infusionstiden tages gryden af varmen og mælken sis for at fjerne eventuelle større kiksestykker. Du kan bruge en finmasket si eller ostelærred til dette trin.

f) Sæt mælken tilbage på lav varme og tilsæt den varme chokoladeblanding eller kakaopulver. Rør godt, indtil blandingen er glat og godt blandet.

g) Hvis det ønskes, kan du tilføje sukker efter smag. Husk, at kiksene allerede kan tilføje lidt sødme, så juster derefter.

h) Når den varme chokolade er gennemvarmet og alle ingredienserne er godt indarbejdet, tages den af varmen.

i) Hæld den varme chokolade i krus og server med det samme. Du kan pynte med flødeskum, et drys kakaopulver eller yderligere kiks for et ekstra strejf af Pudsey -bjørnesmag.

77. Brownie varm chokolade

INGREDIENSER:
- 2 kopper sødmælk
- ½ kop tung fløde
- 3 ounce bittersød chokolade, hakket
- 2 spsk usødet kakaopulver
- 2 spsk granuleret sukker
- ¼ tsk vaniljeekstrakt
- Knivspids salt
- Flødeskum (til pynt)
- Brownie bidder (til pynt)

INSTRUKTIONER:

a) I en mellemstor gryde varmes mælken og fløden op ved middel varme, indtil det begynder at simre. Lad det ikke koge.

b) Tilsæt den hakkede bittersøde chokolade, kakaopulver, perlesukker, vaniljeekstrakt og en knivspids salt til gryden. Pisk konstant indtil chokoladen er smeltet og blandingen er glat og godt blandet.

c) Fortsæt med at opvarme blandingen ved lav varme i cirka 5 minutter, mens du rører af og til, indtil den tykner lidt.

d) Tag gryden af varmen og hæld den varme chokolade i krus.

e) Top hvert krus med en klat flødeskum og drys nogle brownie bidder over flødeskummet.

f) Server med det samme og nyd din lækre Brownie Hot Chocolate!

78. Açaí varm chokolade

INGREDIENSER:
- 1 ½ kopper Açaí puré
- 1 kop fuldfed kokosmælk
- 2 ½ spsk kakaopulver
- 1 tsk vaniljeekstrakt
- Knivspids salt

INSTRUKTIONER:

a) Tilsæt alle ingredienserne i en lille gryde. Pisk det sammen og bring det i kog over medium-høj varme.

b) Reducer varmen til medium-lav og fortsæt med at simre, indtil den er gennemvarmet.

c) Fordel jævnt mellem to krus og pynt med dine yndlings varme kakao toppings!

79. Schwarzwald varm chokolade

INGREDIENSER:
VARM CHOKOLADE:
- 1 kop sødmælk
- 2 spsk granuleret sukker
- 1 ½ spsk usødet kakaopulver
- 1 spsk Amarena kirsebærjuice
- ½ tsk ren vaniljeekstrakt
- 1/16 tsk havsalt
- 1 ½ ounce 72% mørk chokolade hakket

TOPPINGS:
- 4 spsk kraftig piskefløde pisket til bløde toppe
- 2 Amarena kirsebær
- 2 tsk mørk chokolade krøller

INSTRUKTIONER:
a) Tilsæt mælk, sukker, kakaopulver, kirsebærjuice, vanilje og salt til en lille gryde ved middel varme og pisk for at kombinere.
b) Når det koger, piskes den hakkede chokolade i.
c) Bring det til kogepunktet og kog indtil det er let tyknet, ca. 1 minut, mens du pisker konstant.
d) Hæld i 2 krus og top hver med halvdelen af flødeskummet, 1 kirsebær og 1 tsk chokoladekrøller.
e) Server straks.

80. Krydret aztekisk varm chokolade med tequila

INGREDIENSER:
- 1 kop mælk
- ¼ kop tung fløde
- 2 ounce mørk chokolade, hakket
- ¼ tsk stødt kanel
- ⅛ tsk chilipulver (tilpas efter smag)
- 1 ounce tequila

INSTRUKTIONER:

a) Opvarm mælken og fløden i en gryde over medium varme, indtil det er varmt, men ikke kogende.

b) Tag gryden af varmen og tilsæt den hakkede mørke chokolade. Rør til det er smeltet og glat.

c) Rør malet kanel, chilipulver og tequila i.

d) Hæld i krus og pynt med et drys chilipulver eller flødeskum, hvis det ønskes.

81.Jordbær varm chokolade

INGREDIENSER:
- 2 kopper mælk
- ¼ kop jordbærsirup
- 2 spsk usødet kakaopulver
- 2 spsk granuleret sukker
- Flødeskum (valgfrit)
- Friske jordbær til pynt (valgfrit)

INSTRUKTIONER:
a) I en gryde piskes mælk, jordbærsirup, kakaopulver og sukker sammen.
b) Stil gryden over middel varme og rør, indtil blandingen er varm og dampende (men ikke kogende).
c) Fjern fra varmen og hæld den varme chokolade i krus.
d) Top med flødeskum og pynt med friske jordbær, hvis det ønskes.

82.Orange varm chokolade

INGREDIENSER:
- 2 kopper mælk
- ¼ kop appelsinjuice
- 2 spsk usødet kakaopulver
- 2 spsk granuleret sukker
- ½ tsk appelsinskal
- Flødeskum (valgfrit)
- Appelsinskiver til pynt (valgfrit)

INSTRUKTIONER:
a) I en gryde piskes mælk, appelsinjuice, kakaopulver, sukker og appelsinskal sammen.
b) Stil gryden over middel varme og rør, indtil blandingen er varm og dampende (men ikke kogende).
c) Fjern fra varmen og hæld den varme chokolade i krus.
d) Top med flødeskum og pynt med appelsinskiver, hvis det ønskes.

83.Hindbær varm chokolade

INGREDIENSER:
- 2 kopper mælk
- ¼ kop hindbærsirup
- 2 spsk usødet kakaopulver
- 2 spsk granuleret sukker
- Flødeskum (valgfrit)
- Friske hindbær til pynt (valgfrit)

INSTRUKTIONER:

a) I en gryde piskes mælk, hindbærsirup, kakaopulver og sukker sammen.
b) Stil gryden over middel varme og rør, indtil blandingen er varm og dampende (men ikke kogende).
c) Fjern fra varmen og hæld den varme chokolade i krus.
d) Top med flødeskum og pynt med friske hindbær, hvis det ønskes.

84.Banan varm chokolade

INGREDIENSER:
- 2 kopper mælk
- 1 moden banan, moset
- 2 spsk usødet kakaopulver
- 2 spsk granuleret sukker
- Flødeskum (valgfrit)
- Bananskiver til pynt (valgfrit)

INSTRUKTIONER:
a) I en gryde piskes mælk, moset banan, kakaopulver og sukker sammen.
b) Stil gryden over middel varme og rør, indtil blandingen er varm og dampende (men ikke kogende).
c) Fjern fra varmen og hæld den varme chokolade i krus.
d) Top med flødeskum og pynt med bananskiver, hvis det ønskes.

85.Nutella varm chokolade

INGREDIENSER:
- ¾ kop hasselnøddelikør
- 13-ounce krukke Nutella
- 1 kvart halv og halv

INSTRUKTIONER:
a) Sæt halv og halv til lav varme i en gryde og tilsæt Nutella.
b) Kog i cirka 10 minutter og tilsæt hasselnøddelikør lige før servering.

86. PB&J-inspireret varm chokolade

INGREDIENSER:
- 2 kopper mælk
- ¼ kop cremet jordnøddesmør
- ¼ kop hindbærgelé eller marmelade
- ¼ kop halvsøde chokoladechips
- 1 tsk vaniljeekstrakt
- Flødeskum (valgfrit)
- Chokolade spåner (valgfrit)

INSTRUKTIONER:
a) I en mellemstor gryde varmes mælken op ved middel varme.
b) Tilsæt jordnøddesmør, hindbærgelé eller marmelade, chokoladechips og vaniljeekstrakt.
c) Pisk blandingen konstant indtil chokoladechipsene er smeltet og alt er godt blandet.
d) Tag gryden af varmen og hæld blandingen i krus.
e) Top med flødeskum og chokoladespåner, hvis det ønskes.
f) Server med det samme og nyd din lækre PB&J varme chokolade!

87. Jordnøddesmør Banan varm chokolade

INGREDIENSER:
- 2 kopper mælk
- 2 spsk kakaopulver
- 2 spsk chokolade- og jordnøddespredning (hjemmelavet eller købt)
- 1 moden banan, moset
- Flødeskum (valgfrit)
- Banan i skiver (valgfrit)

INSTRUKTIONER:
a) I en gryde varmes mælken op ved middel varme, indtil den er varm, men ikke kogende.
b) Pisk kakaopulveret i, indtil det er opløst.
c) Tilsæt chokolade- og jordnøddespredningen i gryden og rør, indtil det er smeltet og godt blandet.
d) Rør den mosede banan i, indtil den er inkorporeret.
e) Hæld den varme chokolade i krus og top med flødeskum og skåret banan, hvis det ønskes. Serveres varm.

88. Serendipitys frosne varm chokolade

INGREDIENSER:
- 1 ½ tsk sødet Van Houton kakao
- 1 ½ tsk Droste kakao
- 1½ spsk sukker
- 1 spsk sødt smør
- ½ kop mælk
- 3 ounce mørk og lys Godiva-smagschokolade (eller efter smag)
- ½ ounce hver af forskellige chokolader af høj kvalitet
- 1 generøs slev af en blanding af importerede chokolader
- ½ pint mælk
- ½ liter knust is
- Flødeskum (til topping)
- Revet chokolade (til pynt)
- 2 sugerør
- Iced teskefuld

INSTRUKTIONER:

a) I en dobbeltkedel smeltes den sødede Van Houton -kakao, Droste -kakao, sukker og sødt smør under omrøring, indtil det danner en glat pasta.

b) Tilsæt mørk og lys chokolade med Godiva-smag og forskellige chokolader af høj kvalitet til dobbeltkedlen. Fortsæt med at smelte chokoladerne, og tilsæt gradvist mælken under konstant omrøring, indtil blandingen er jævn.

c) Lad blandingen afkøle til stuetemperatur. Når det er afkølet, overføres det til en kvart blender.

d) Tilsæt den generøse slev af blandingen af importerede chokolader, ½ pint mælk og knust is til blenderen.

e) Blend alle ingredienserne, indtil blandingen når den ønskede konsistens. Hvis det bliver for tykt, kan du tilføje mere mælk eller is for at justere det.

f) Hæld den frosne varm chokolade i en grapefrugtskål eller et serveringsglas.

g) Top den med en bunke flødeskum og drys revet chokolade over flødeskummet.

h) Sæt to sugerør i den frosne varm chokolade til at nippe til og server med en iset teske til at fortære.

89. Amaretto varm chokolade

INGREDIENSER:
- 1 ½ ounce Amaretto likør
- 6 ounce varm chokolade
- flødeskum (valgfrit)
- chokolade spåner (valgfrit)

INSTRUKTIONER:
a) Tilføj Amaretto-likør til et krus.
b) Hæld varm chokolade over Amarettoen.
c) Rør for at kombinere.
d) Top med flødeskum og chokoladespåner, hvis det ønskes.

90.Vin-infunderet varm chokolade

INGREDIENSER:
- ½ kop fuldfløde mælk
- ½ kop halv og halv
- ¼ kop mørk chokoladechips
- ½ kop Shiraz
- Et par dråber vaniljeekstrakt
- 1 spsk sukker
- Lille knivspids salt

INSTRUKTIONER:

a) Kom mælk, halv-og-halv, mørk chokoladechips, vaniljeekstrakt og salt i en gryde ved svag varme.
b) Rør konstant, så chokoladen i bunden ikke brænder på, indtil den er helt opløst.
c) Når den er dejlig varm, tages den af varmen og vinoen hældes i.
d) Bland godt.
e) Smag den varme chokolade til og juster sødmen med sukker.
f) Hæld i et krus med varm chokolade og server med det samme.

91.Pigget pebermynte varm chokolade

INGREDIENSER:
- 1 kop mælk
- ¼ kop tung fløde
- 4 ounce halvsød chokolade, hakket
- ¼ teskefuld pebermynteekstrakt
- 2 ounce pebermyntesnaps

INSTRUKTIONER:

a) Opvarm mælken og fløden i en gryde over medium varme, indtil det er varmt, men ikke kogende.

b) Tag gryden af varmen og tilsæt den hakkede chokolade. Rør til det er smeltet og glat.

c) Rør pebermynteekstrakt og pebermyntesnaps i.

d) Hæld i krus og pynt med flødeskum og knust pebermyntebolsjer, hvis det ønskes.

92.RumChata krydret varm chokolade

INGREDIENSER:
- 1 kop mælk
- ¼ kop tung fløde
- 2 ounce halvsød chokolade, hakket
- ½ tsk stødt kanel
- 1-ounce RumChata

INSTRUKTIONER:

a) Opvarm mælken og fløden i en gryde over medium varme, indtil det er varmt, men ikke kogende.

b) Tag gryden af varmen og tilsæt den hakkede chokolade. Rør til det er smeltet og glat.

c) Rør den malede kanel og RumChata i.

d) Hæld i krus og pynt med et drys kanel eller flødeskum, hvis det ønskes.

93.Krydret appelsin varm chokolade

INGREDIENSER:
- 1 kop mælk
- ¼ kop tung fløde
- 2 ounce mørk chokolade, hakket
- Skal af 1 appelsin
- ¼ tsk stødt kanel
- 1 ounce Grand Marnier

INSTRUKTIONER:

a) Opvarm mælken og fløden i en gryde over medium varme, indtil det er varmt, men ikke kogende.

b) Tag gryden af varmen og tilsæt den hakkede mørke chokolade. Rør til det er smeltet og glat.

c) Rør appelsinskal, stødt kanel og Grand Marnier i.

d) Hæld i krus og pynt med appelsinskal eller flødeskum, hvis det ønskes.

94. Cafe Au Lait

INGREDIENSER:
- 3 spsk instant kaffe
- 1 kop mælk
- 1 kop Let fløde
- 2 kopper kogende vand

INSTRUKTIONER:
a) Start med at varme mælk og fløde forsigtigt op ved svag varme, indtil det når en varm temperatur.
b) Mens mælken og fløden er ved at varme op, opløs instant kaffen i det kogende vand.
c) Lige før servering skal du bruge en roterende piskeris til at piske den opvarmede mælkeblanding, indtil den forvandler sig til en skummende konsistens.
d) Tag derefter en forvarmet kande og hæld den skummende mælkeblanding i den. Hæld samtidig den bryggede kaffe i en separat kande.
e) Når du er klar til at servere, skal du fylde kopperne ved samtidig at hælde fra begge kander, og lade vandløbene kombineres, mens du hælder.

95.Klassisk amerikansk

INGREDIENSER:
- 1 skud espresso
- Varmt vand

INSTRUKTIONER:
a) Forbered et skud espresso ved at brygge det.
b) Juster espressoens styrke efter din smag ved at tilføje varmt vand.
c) Server den som den er eller forstærk smagen med fløde og sukker, hvis det ønskes.

96.Macchiato

INGREDIENSER:
- 2 skud espresso (2 ounce)
- 2 ounce (¼ kop) skum fra sødmælk

INSTRUKTIONER:
a) Brug enten en espressomaskine eller en manuel espressomaskine til at tilberede et enkelt skud espresso.
b) Overfør espressoen til et krus. Alternativt kan du overveje at bruge en Aeropress til at brygge espresso.
c) Hvis du bruger en espressomaskine, opvarm ½ kop mælk, indtil den er skoldet. Du skal i sidste ende kun bruge ¼ kop mælkeskum.
d) Opvarm mælken til en temperatur på 150 grader Fahrenheit; det skal føles varmt at røre ved, men bør ikke simre. Du kan måle dette med et madtermometer eller ved at teste det med din finger.
e) Brug en espressomaskine, en mælkeskummer, en fransk presse eller et piskeris til at skumme mælken til små, ensartede bobler.
f) For en macchiato, sigt efter at producere en generøs mængde "tørt skum", som er den luftige variant af skum. En mælkeskummer fungerer særligt godt til at opnå denne form for skum.
g) Brug en ske til forsigtigt at skumme det øverste lag af skum (det tørre skum) af og læg det forsigtigt oven på espressoen. Du skal bruge cirka ¼ kop skum til en enkelt portion.

97.Mokka

INGREDIENSER:
- 18 g stødt espresso eller 1 espresso pod
- 250 ml mælk
- 1 tsk drikkechokolade

INSTRUKTIONER:

a) Bryg omkring 35 ml espresso med en kaffemaskine og hæld den i bunden af din kop. Tilsæt drikkechokoladen og bland det grundigt, indtil det bliver glat.

b) Brug steamer-tilbehøret til at skumme mælken, indtil den har omkring 4-6 cm skum på overfladen. Hold mælkekanden med tuden ca. 3-4 cm over koppen og hæld mælken i en jævn stråle.

c) Når væskeniveauet i koppen stiger, skal du bringe mælkekanden så tæt på drikkens overflade som muligt, mens den rettes mod midten.

d) Når mælkekanden næsten rører kaffens overflade, skal du vippe den for at hælde hurtigere. Mens du gør dette, vil mælken ramme bagsiden af koppen og naturligt folde sig ind i sig selv, hvilket skaber et dekorativt mønster på toppen af din mokka.

98.Latte

INGREDIENSER:
- 18 g stødt espresso eller 1 espresso pod
- 250 ml mælk

INSTRUKTIONER:
a) Start med at brygge cirka 35 ml espresso med din kaffemaskine og hæld den i bunden af din kop.
b) Damp mælken ved hjælp af steamer-tilbehøret, indtil den har cirka 2-3 cm skum på overfladen.
c) Hold mælkekanden med tuden placeret ca. 3-4 cm over koppen, og hæld mælken jævnt.
d) Når mælkekanden næsten rører kaffens overflade, skal du vippe den for at øge hældehastigheden. Mens du gør det, vil mælken ramme bagsiden af koppen og naturligt begynde at folde sig ind i sig selv, hvilket skaber et dekorativt mønster på toppen.

99.Baileys Irish Cream varm chokolade

INGREDIENSER:
- 1 kop mælk
- ¼ kop tung fløde
- 2 ounce halvsød chokolade, hakket
- 1 ounce Baileys Irish Cream

INSTRUKTIONER:
a) Opvarm mælken og fløden i en gryde over medium varme, indtil det er varmt, men ikke kogende.
b) Tag gryden af varmen og tilsæt den hakkede chokolade. Rør til det er smeltet og glat.
c) Rør Baileys Irish Cream i.
d) Hæld i krus og top med flødeskum eller skumfiduser, hvis det ønskes.

100. Mexicansk krydret kaffe

INGREDIENSER:
- 6 nelliker
- 6 spiseskefulde brygget kaffe
- 6 Julienne appelsinskal
- 3 kanelstænger
- ¾ kop brun farin, fast pakket
- Flødeskum (valgfrit)

INSTRUKTIONER:
a) I en stor gryde varmes 6 kopper vand sammen med brun farin, kanelstænger og nelliker over medium-høj varme, indtil blandingen er opvarmet, men pas på, at den ikke koger.
b) Tilsæt kaffen og bring blandingen i kog, mens du af og til rører i 3 minutter.
c) Filtrer kaffen gennem en fin sigte og server den i kaffekopper, pynt med appelsinskal.
d) Top med flødeskum hvis det ønskes.

KONKLUSION

Når vi afslutter vores rejse ved bålet gennem "DE ULTIMATIVE ILDVARMERE 2024", håber vi, at du har oplevet glæden ved at skabe hyggelige og mindeværdige øjeblikke omkring lejrbålet. Hver opskrift på disse sider er en fejring af den varme, smag og samhørighed, der definerer sammenkomster ved bålet – et vidnesbyrd om de enkle fornøjelser ved at dele drinks, slik og deles i selskab med venner og kære.

Uanset om du har nippet til krydret cider under stjernerne, forkælet dig med klæbrig s'mores ved bålet eller delt velsmagende retter med venner, stoler vi på, at disse pejsevarmere har tilføjet et strejf af magi til dine udendørsoplevelser. Ud over opskrifterne, må konceptet med sammenkomster ved bålet blive en kilde til glæde, forbindelse og skabelsen af elskede minder.

Mens du fortsætter med at nyde varmen fra lejrbålet, må "DE ULTIMATIVE ILDVARMERE 2024" være din betroede følgesvend, der giver dig en række dejlige muligheder for at forbedre dine udendørs øjeblikke. Her er til de knitrende flammer, de hyggelige sammenkomster og de ultimative pejsevarmere, der gør hver udendørs aften speciel. Skål for at skabe varige minder omkring lejrbålet!

www.ingramcontent.com/pod-product-compliance
Lightning Source LLC
Chambersburg PA
CBHW071911110526
44591CB00011B/1643